LES DEUX MARTIN

Vaudeville en **UN ACTE**, mêlé de couplets

Par M. HIPPOLYTE MAIGNAND

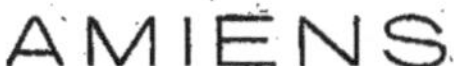

AMIENS

TYPOGRAPHIE LAMBERT-CARON

Imprimeur-Libraire,

PLACE DU GRAND-MARCHÉ

LES DEUX MARTIN

Vaudeville en un acte, mêlé de couplets.

Par M. Hippolyte MAIGNAND.

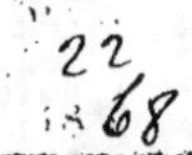

PERSONNAGES :

Félix Martin,   tous deux peintres logeant sur
Prosper Martin,   le même palier.

Pauline, femme de Félix.

Eugénie, sa fille.

Marcel, élève de Félix.

Alcibiade, mauvais sujet.

Dubouleau, vieux concierge.

Brochet, garçon pâtissier.

La scène se passe à Paris en 1866.

Le théâtre représente un atelier de peinture ; dans un coin, une toile couvrant un mannequin. Au fond, une porte ouvrant, à la droite du spectateur, sur un étroit corridor où l'on voit celle d'un voisin, avec ces mots : *Martin, peintre.* A gauche, et plus près, l'entrée de l'appartement de Félix Martin. Un œil de bœuf y est pratiqué à une hauteur de sept pieds.

Au lever du rideau, Félix achève un portrait placé de côté sur un chevalet, et sa femme travaille de l'aiguille.

SCÈNE 1re.

Félix, se reculant d'un pas.

Allons, allons, c'est pas mal ; encore dix minutes, et le portrait de notre charmante Eugénie sera complètement achevé... (*Montrant à Pauline son travail*) Hein ! femme, comme c'est nature ! quelles chairs ! quel modelé ! quel fini ! Oh ! mais regarde donc, Pauline ; comme ces oreilles là sont tirées !

Pauline, y jetant un coup-d'œil.

Il est de fait qu'on dirait tout cela vivant.

Félix.

Aussi, comme je serai fier, lorsqu'en me carrant dans le grand salon du Palais de l'Industrie, ce temple du Génie et des Beaux-Arts, j'entendrai les vrais amis du beau dire, en l'admirant : Dieu ! la jolie fille !

Pauline.

En effet, cela flattera votre amour-propre d'artiste.

Félix.

D'artiste, et de père, car, en ouvrant le livret, ils y liront ces mots : Portrait de Mlle Eugénie Martin, fille de l'artiste, rue du Chat qui prêche !..

Pauline.

La réclame est assez adroite.

Félix.

C'est une idée à moi : Tu comprends, l'admiration engendre l'amour, la copie fait convoiter l'original, et, un beau matin, en tilbury...

Pauline.

Qu'arrive-t-il ?

Félix.

Quelque gant jaune, paille ou serin, vient nous rendre visite, voit notre fille, en devient fasciné et jette à ses pieds sa fortune et son cœur.

Pauline.

Vous voilà bien, monsieur Martin... Toujours avec vos châteaux en Espagne.

Félix.

Eh ! autant en bâtir là qu'ailleurs.

Pauline.

Ma parole ! il y a des moments où je vous crois fou.

Félix.

Et tu as raison, mignonne, car je le suis plus que jamais... de toi.

Pauline.

Ceci est assurément très-flatteur, mais causons sensément.

Félix.

Cela se peut faire, car tu sais que je suis un homme de *sens*... en Bourgogne.

Pauline.

Sérieusement, est-ce que vous pensez que votre projet puisse réussir ?

Félix.

Pourquoi non ? On a vu des rois...

Pauline.

Autrefois, mais aujourd'hui...

Félix.

C'est plus rare, j'en conviens.

Pauline.

Vous oubliez que nous sommes sans fortune.

Félix.

Eugénie n'est-elle pas un trésor ?

Pauline.

Pour nous, certainement.

Félix.

N'a-t-elle pas toutes les qualités ?

Pauline.

Sans doute.

Félix.

Et cependant, tu sembles la condamner perpétuellement au rôle de prêtresse de Vesta. Ah ! femme ! femme ! mais regarde donc encore :

Air : *Vaudeville de l'actrice.*

Cette taille voluptueuse,
Cette petite bouche en cœur,
Cette tournure grâcieuse
D'un époux feront le bonheur.
C'est une pensée unanime ;
De notre fille les vertus
Forment une dot que j'estime,
De nos jours, plus qu'un sac d'écus.

Pauline.

Hélas ! tout le monde ne raisonne pas ainsi.

Félix.

Pour marier Eugénie nous n'avons pas besoin de tout le monde.

Pauline.

Encore faut-il lui trouver quelqu'un.

Félix, couvrant le portrait.

Patience ! patience ! Eugénie n'a pas tout à fait seize ans, et, avant qu'ils soient révolus, je lui aurai trouvé un bon mari.

SCÈNE II.

Les mêmes, **Eugénie,** d'un air radieux.

Bonjour, chers petits parents.

Félix, à part.

A son air souriant, je parierais qu'elle m'a entendu.

Eugénie.

Comment allez-vous ce matin ?

Pauline, embrassant sa fille.

Très-bien, mon bon ange.

Félix.

Comme te voilà gaie aujourd'hui !

Eugénie.

Oh ! c'est que je suis bien contente, allez.

Pauline.

Ah ! et de quoi donc ?

Félix, à part.

De mon futur projet !

Eugénie.

Vous savez bien, maman, cette broderie que j'ai commencée avant-hier.

Pauline.

Oui, eh bien !

Eugénie.

Eh bien ! je viens de la terminer.

Pauline, l'examinant.

Délicieuse !.. Un vrai travail de fée.

Félix.

Ce sont des perles.

Pauline.

Je t'en félicite, Eugénie ; et pourtant, je devrais te gronder bien fort.

Eugénie.

Pourquoi cela, petite mère ?

Pauline.

Parce que tu as encore passé la nuit ; et je ne le veux point.

Eugénie.

J'ai désiré vous surprendre.

Pauline.

Oui, mais tu compromets ta santé.

Félix.

Et ta gaîté s'en irait avec elle.

Pauline.

Conserve avec soin ces deux biens précieux.

Félix.

Et repose-toi sur nous du soin de ton avenir...

Pauline.

Dont nous parlions tout à l'heure encore.

Eugénie.

Ah ! vraiment, et vous disiez ?

Pauline.

Petite curieuse !

Félix.

Nous disions... nous disions que tu as trois lustres pleins sur la tête.

Eugénie, regardant le plafond.

Trois lustres ?... Ah ! oui... Et puis ?...

Félix.

Comment ! ça ne t'éclaire pas ?

Pauline.

Cette enfant ne sait pas qu'à son âge les parents d'une jeune fille mettent tous leurs soins à lui trouver...

Eugénie, avec vivacité.

Quoi donc, chère mère ?

Félix.

Est-ce que nous ne nous en doutons pas un peu ?

Eugénie.

En vérité...

Félix.

Allons, allons, je crois que nous ne te surprendrions guère en te disant le mot.

Eugénie.

Peut-être.

Pauline.

Oh ! oh ! nous y avons sans doute bien un peu songé...

Eugénie.

A quoi donc, maman ?

Félix.

Ah ! ça, diable ! De qui veux-tu que nous te parlions, si ce n'est d'un mari ?

Eugénie.

Un mari ! un mari !

Pauline.

On dirait que ce mot t'effraye.

Eugénie.

Ah ! bien au contraire.

Félix, à part.

A la bonne heure ! voilà un aveu...

Eugénie.

J'aurais pourtant grand'peine à me séparer si tôt de vous... qui êtes si bons pour moi.

Pauline.

Nous n'en sommes pas encore là.

Félix.

Eh! mon Dieu! qui sait?.. Quand on est jolie...

Eugénie, timidement.

Ah! papa...

Félix.

Tu es peut-être laide?

Eugénie.

Je ne dis pas cela.

Félix.

Alors, je le répète, quand on est jolie comme tu l'es, les adorateurs sont nombreux et, d'un moment à l'autre, mille partis peuvent se présenter.

Eugénie.

Certainement, petit père, mais c'est que...

Pauline.

Que signifie ce : C'est que?

Félix, à part.

Y aurait-il quelque anguille sous roche?

Pauline.

Répondez donc, ma fille.

Eugénie.

Je n'oserai jamais.

Pauline.

Vous ne m'avez point habituée à de pareils refus.

Eugénie, à part.

Comment leur dire cela?

Pauline.

Eh bien! Eugénie.

Félix, à part.

Ça paraît dur à décrocher.

Eugénie.

Bonne petite mère, vous allez pour sûr me gronder, et, pourtant, ce n'est pas ma faute.

Pauline.

Je ne vous comprends pas.

Eugénie, les yeux baissés.

Vous savez bien, bonne maman, monsieur Marcel... ce petit jeune homme d'en face, avec des cheveux blonds... et des grands yeux bleus.

Félix.

Ah! ah! mon ancien élève.

Eugénie, même jeu.

Oui, papa; qui reste au cinquième, et dont l'unique croisée est toujours ornée de pensées et de violettes...

Pauline.

Après, mademoiselle, après?

Eugénie.

Eh bien! je ne sais comment cela se fait, j'ai beau fermer mes rideaux, ses regards sont toujours fixés sur moi.

Pauline.

Comment le savez-vous? Vous le regardez donc aussi?

Eugénie.

Oh! je m'en garde bien.

Pauline.

Cependant.

Eugénie.

Je n'y puis rien comprendre.

Félix, à part.

Comme dans *la Dame-Blanche*.

Eugénie.

Involontairement, quelquefois, par mégarde.

Pauline.

Ah! vous voyez bien...

Eugénie.

Oh! mais je vous assure...

Pauline.

Que vous y prenez plaisir, n'est-ce pas?

Eugénie.

Dam! maman, ça ne me déplaît pas trop.

Félix, à part.

Diable! diable! et mes projets conjugaux.

Pauline.

Voyons, Eugénie, achevez votre confession, en avouant que vous aimez ce jeune homme.

Eugénie.

Air de l'Angelus.

Pour monsieur Marcel je ne sais
Quel secret sentiment j'éprouve,
Je voudrais n'y songer jamais ;
Dans mes pensers je le retrouve :
Quand je le vois, subitement,
Mon émotion est extrême,
Mais j'ignore jusqu'à présent
Si c'est la preuve que je l'aime.

Ce que je sais, c'est que je le trouve bien gentil...

Félix.

Avec ses cheveux blonds.... et ses yeux bleus?

Pauline.

Petite sotte! est-ce que l'on dit ces choses-là?

Eugénie.

Dam! maman, vous m'avez ordonné d'être franche.

Pauline, avec douceur.

Et maintenant, je vous recommande d'y songer le moins possible.

Eugénie, avec un soupir.

Je tâcherai.

Félix.

Tâche, ma fille, tâche; car j'ai des projets, de vaste projets. D'ailleurs, vois-tu bien, mon enfant, Marcel n'est pas du tout ton fait. Il n'a pour tout bien que ses pinceaux.

Eugénie, avec vivacité.

Oui, mais il a du talent.

Félix.

En expectative, d'accord.

Eugénie, même jeu.

Il est actif, honnête, rangé.

Pauline.

Nous savons l'apprécier à sa juste valeur.

Eugénie, de même.

Plein d'intelligence et de bon vouloir....

Félix, à part.

Trop d'éloges à la clé...

Eugénie, continuant.

Qui empêcherait alors?

Pauline.

C'est assez, Eugénie, et je vous prie de ne plus oublier que le premier devoir d'un enfant est d'obéir...

Félix, achevant.

Aux auteurs de ses jours.

Eugénie, embrassant sa mère.

Je m'en souviendrai désormais.

Pauline.

J'y compte. Allons, ma fille, vas porter ton ouvrage à madame la baronne de Senneterre, et reviens vite, car j'aurai besoin de toi.

Félix.

Oui, tu sais qu'aujourd'hui nous avons du monde à dîner.

Eugénie, chantant.

Air de la Valse de Giselle.

Je vais partir, et bientôt je l'espère,
Mes chers parents, je serai près de vous ;
Car il n'est pas de bonheur sur la terre
Qui pour mon cœur soit vraiment aussi doux.

Félix et Pauline.

Vas, mon enfant, toi qui nous es si chère,
Vas et reviens bien vite auprès de nous ;
Car il n'est pas de bonheur sur la terre
Pour notre cœur qui soit vraiment plus doux.

(*Eugénie sort.*)

SCÈNE III.

Félix, Pauline.

Pauline, fixant Félix.

Eh bien ! monsieur Martin?

Félix, de même.

Eh bien! madame Martin ?

Pauline.

Que dites-vous de l'aveu d'Eugénie ?

Félix.

Dam! je dis, je dis qu'à propos de leurs amourettes, ces diables d'enfants ne nous consultent jamais.

Pauline.

Mais vous ne dites pas que ce qui arrive, je vous l'ai prédit cent fois.

Félix.

Que veux-tu, chère amie ? Je ne puis défendre à mes élèves de remarquer notre fille.

Pauline.

Non, mais du moins, pour la réussite de vos projets, vous n'auriez pas dû recevoir Marcel mieux que les autres.

Félix.

C'est vrai. Je les ai pourtant tenus toujours à distance.

Pauline.

Oui, mais leurs yeux se rapprochaient.

Félix.

Fallait-il donc que je les leur crevasse ?

Pauline.

Il fallait chasser le loup de la bergerie.

Félix.

Heureusement, l'agneau est resté intact.

Pauline.

Certes, mais prenez-y garde !

Air du Piége.

Aujourd'hui, comme de tout temps,
L'amour aime fort l'entreprise ;
Et les efforts sont impuissants
Pour lui faire lâcher sa prise.
C'est un sylphe, c'est un lutin
Que l'on voit toujours reparaître ;
Par la porte il sort, mais, soudain,
Il s'introduit par la fenêtre.

En ce moment, Marcel passe sa tête à travers l'œil de bœuf et éternue. Félix et Pauline, croyant que c'est chacun d'eux, se saluent en disant : DIEU VOUS BÉNISSE !

Félix.

Merci du souhait et de l'avis. A l'avenir, je cadenasserai toutes les issues. Ah ! ça l'heure s'avance ; il est temps de songer à notre petit gala. Tu sais que ce sont des artistes. Foin de cérémonies !

Pauline.

Je sais, un dîner à la bonne franquette.

Félix.

Deux potages, quelques hors-d'œuvre...

Pauline.

Un radis, trois cornichons...

Félix.

C'est tout ce qu'il faut... avec quatre entrées, deux entremets, un rôti, un peu de homard, et...

Pauline.

Ah mais, un moment.

Félix.

Pourquoi cet *arrêt*... à propos de poisson ?

Pauline.

C'est que, si je vous écoutais, votre sans-façon serait tout à fait régence.

Félix.

Alors, sur ce point, je m'en rapporte à toi. Seulement, je t'en supplie, soigne-nous le dessert.

Pauline, prenant son cabas et sortant.

Soyez tranquille (*poussant la porte*), vous aurez du raisiné.

SCÈNE IV.

Félix, seul.

Quelle femme de ménage j'ai là ! c'est une mine d'or... Et dire que... Ah ! J'ai tort de jouer au Joconde... Il est vrai qu'elle touche à la quarantaine.... Mais elle est si bien conservée, elle a tant de fraîcheur... et sans maquillage, oui dà ! Allons, c'est mal à moi. D'ailleurs, je dois l'exemple à ma fille... Il est temps de rentrer dans la bonne voie. En vérité, j'ai honte de n'avoir été jusqu'ici qu'un...

SCÈNE V.

Le même, **Marcel,** *entrant.*

Bonjour, maître ; comment va ce matin ?

Félix.

Tiens, c'est toi, Marcel ?

Marcel.

En chair et en os, comme saint Amadou.

Félix.

Eh bien ! te nourris-tu toujours de peinture ?

Marcel.

Ah ! patron, c'est incroyable ce que j'en consomme. Tel que vous me voyez, je trime, je trime, pis que M. Timothée.

Félix.

A part le temps que tu perds à œillader Eugénie.

Marcel.

Est-ce qu'un peintre peut s'empêcher d'admirer la belle nature ?

Félix.

Ce sont des mots, mais écoute-moi bien, Marcel; il faut absolument suspendre le cours de tes visites.

Marcel.

Comment ! maître, c'est pour tout de bon, vous me renvoyez ?

Félix.

Je ne te renvois pas précisément, mais...

Marcel.

Mais vous me priez de ne pas revenir... Ah patron ! patron !

Félix.

Écoute, mon ami, j'ai mes raisons pour le moment. Crois bien que c'est à regret... car,

Air : *Vaudeville de l'Apothicaire.*

> Je te tiens pour un bon garçon...

Marcel.

> Mais vous me mettez à la porte ;
> Je ne comprends pas la raison
> Qui vous fait agir de la sorte.

Félix.

> Si tu venais pour mes beaux yeux
> Je ne serais pas si sévère,
> Mais c'est qu'ici j'en connais deux
> Qui semblent beaucoup trop te plaire.

Marcel.

Pourquoi m'en défendrais-je ? Oui, votre fille est l'âme de ma vie, le seul bien qui m'y attache, et je sens là que, sans elle...

Félix.

Tu préférerais mille fois la mort, n'est-ce pas ?

Marcel.

C'est vous qui l'avez dit...

Félix.

Allons donc, enfant.

Air : *Vaudeville du Baiser au porteur.*

> Au temps de la chevalerie
> Bon nombre d'amants malheureux
> Mettaient fin à leur triste vie ;
> Mais nous en sommes plus soigneux.
> De nos jours, on dit bien à celle
> Qui nous abreuve de refus
> Qu'on va se brûler la cervelle ;
> Ça se dit, mais ne se fait plus.

Marcel.

Ah ! patron, ne riez pas avec ces choses là... Si votre fille appartient jamais à un autre...

Félix.

Nous en recauserons... plus tard.

Marcel.

Ainsi, vous permettez.

Félix.

Je te permets de... Je vais m'habiller... Il faut que je sorte.

Marcel.

Je vous attends ici.

Félix, *passant dans une autre pièce.*

(Au public) En voilà un crampon !

SCÈNE VI.

Marcel, *cherchant sous les chaises et dans les trous des serrures.*

Je ne la vois nulle part... La cruelle ! elle ne viendra pas... On dirait qu'elle m'évite... J'aurais tant de choses à lui dire... (*Soulevant la toile couvrant le portrait d'Eugénie*). Que vois-je ? Son image ! merci ! mon Dieu !

Air *de Turenne.*

> Voilà bien sa taille divine,
> Son sourire plein de douceur,
> Ses yeux dans lesquels je devine
> Les émotions de son cœur.
> Voilà ses mains, sa blanche épaule,
> Ses cheveux d'un noir éclatant;
> Bref, ce portrait semble parlant,
> Bien qu'il lui manque la parole.

Ah ! mais c'est égal, je m'imagine entendre le son harmonieux de sa voix... Et pourtant il n'en est rien... Ce n'est qu'un jeu de ma tête en délire... Personne... personne !.. Elle me fuit peut-être... Mais, que dis-je ? ses regards furtifs ne m'ont-ils pas dit cent fois que je ne lui suis point indifférent... Oh ! oui, j'en ai le doux espoir, elle m'aime... Mais, hélas ! peut-être, ses parents l'ont destinée à un autre.

Air : *Je sais attacher des rubans.*

> Pour le désespoir des enfants
> On dirait qu'exprès sur la terre
> Le ciel voulut que leurs parents
> Fussent d'un avis tout contraire.
> Puisque vous repoussez nos soins
> A l'égard de vos demoiselles,
> N'en créez donc plus, ou, du moins,
> Ne les faites pas aussi belles.

SCÈNE VII.

Le même, **Félix,** *habillé, entrant prestement.*

Comment me trouves-tu ainsi ?

Marcel, *étourdiment.*

Divine... Adorable ! ah ! pardon, je croyais répondre à...

Félix.

A ma fille, n'est-ce pas ?

Marcel.

Je l'ai toujours dans la tête.

Félix, *enlevant le cadre.*

Et moi, sous le bras d'où elle ne sortira que pour aller majestueusement se placer à côté des chefs-d'œuvre de nos grands maîtres... Partons.

Marcel, à part.

Sans l'avoir vue... Oh! je reviendrai, et quand je devrais passer sous la porte...

Félix, apercevant Dubouleau.

Parbleu! vous arrivez à propos...

Marcel.

Que le diable l'emporte!

SCÈNE VIII.

Les mêmes, **Dubouleau.**

Dubouleau.

Bourgeois, je suis heureux de vous être agréable.

Félix, à part.

Une fois n'est pas coutume.

Dubouleau.

C'est donc pour avoir celui de vous donner un coup de plumeau, d'après l'ordre de mame votre épouse au service de qui que j'ai sacrifié ma personne et mon balai.

Félix.

Ma femme a parfois de bonnes idées... Soignez-nous ça, et surtout, s'il me vient quelqu'un, ayez de la mémoire.

Dubouleau.

On en aura.

Marcel.

regardant Dubouleau de travers, marche sur les talons de Félix et dit d'un ton tragique:

Que j'aurais de plaisir à lui cogner la bosse!

SCÈNE IX.

Dubouleau, seul.

Il me semble que j'ai z-entendu ce marmot marmotter d'aucunes paroles qui... Qu'i n's'y r'frotte pas, car je lui z'y frictionne les reins avec mon manche, ou je lui z-y allonge les oreilles comme le cordon de ma loge... Mais en parlant de balai, donnons-en d'abord un mâle coup ici... Ça n'sera pas du lusque. En v'là t-i un galetas!.. Et ils osent appeler ça un *ratelier*... machoires! va.

Air: *Dans la chambre où naquit Molière.*

Ici, l'on ne voit que des têtes,
Des mains, des jambes et des bras;
Des pieds, des nez et des squelettes,
A gauche, à droite, en haut, en bas:
Si tout ceci n'était en plâtre,
Ça vous ferait lever le cœur,
Car ce taudis, sur mon honneur!
Aurait l'air d'un amphithéâtre.

En voilà t-il des décrochez-moi ça!... Des bottes à l'écuyère... une vieille châbraque, un casque, une cuirasse... et, sous cette toile... Ciel! (*apercevant le mannequin*) Une femme! Une femme chez un homme marié! Quelle horreur!.. Et vous ne rougissez pas, vous que je ne sais comment nommer, de vous cacher ainsi chez un père de famille? Oh! si vous aviez seulement pour deux liards de cœur... Mais les femmes de votre espèce n'en ont pas... Sortez, mademoiselle; partez vite, madame, car si mame Martin vous trouvait ici, je ne sais pas quel mauvais quart-d'heure vous passeriez... Ah! vous le prenez sur ce ton, Vous faites fi de mes conseils... Eh bien! nous allons voir... Je saurai bien vous forcer... Une fois, deux fois, trois fois, décampez-vous, oui ou non? Vous croyez peut-être avoir affaire à un imbécile... Vous allez me connaître.

(*Il se jette sur le mannequin, le prend à bras le corps et le secoue violemment jusqu'à ce qu'il reconnaisse son erreur*). Quelle oie! C'est une jeunesse en osier... Et moi qui lui faisais de la morale. Niais! Jocrisse!

Air: *Un homme pour faire un tableau.*

Je ne sais pas, en vérité,
Comment diable j'ai pu confondre;
Du fait j'aurais dû me douter
En ne l'entendant pas répondre.
Non, je ne puis me pardonner
Cette erreur; car, sur mon âme!
Rien n'eût pu l'empêcher d'parler
Si c'eût été vraiment un' femme.

Mais je bavarde, et ma besogne n'avance pas. Ah! après ça, y en aura ben toujours assez pour sa malheureuse pièce de vingt sous. Ces p'tites gens, ça singe les gros bonnets; ça r'çoit, ça donne des thés, ça porte des manch'rons et des burnouffles... Ça fait suer, quoi !.. Et puis, quand le terme arrive, c'est toujours en errière.

SCÈNE X.

Dubouleau, Alcibiade.

Alcibiade, entrant brusquement.

(*D'une voix de Stentor.*) Monsieur Martin!

Dubouleau.

Vous êtes chez lui.

Alcibiade, à part.

J'étais bien renseigné.

Dubouleau.

Pardon, quand j'dis que vous êtes chez lui; ça dépend.

Alcibiade.

Comment! ça dépend.

Dubouleau.

Sans doute; auquel avez-vous affaire?

Alcibiade.

De quoi! auquel?

Dubouleau.

Je dois vous dire que nous en avons deux.

Alcibiade.

Ah! c'est différent. Je demande le peintre.

Dubouleau.

Le peintre?

Alcibiade.

Eh bien! oui, le fabricant de portraits, quoi!

Dubouleau.

Permettez, permettez, ils le sont tous deux.

Alcibiade.

Est-ce que nous allons patauger à perpète?

Dubouleau.

Dam! si vous n'avez pas d'autre renseignement...

Alcibiade, consultant un carnet.

Attendez, mon brave, le Martin demandé est le père d'une charmante demoiselle...

Dubouleau.

Tous deux en ont chacun une.

Alcibiade.

Ah! ça, vous moquez-vous?

Dubouleau.

Je ne me moque jamais dans l'exercice de mes fonque-cillions.

Alcibiade.

Voyons, entendons-nous bien : suis-je bien au cinquième ?

Dubouleau.

Vous y êtes ; mais je vous ferai observer que j'ai deux Martin sur le même carré.

Alcibiade.

Ça se complique, et, pour peu que ça continue, je ne saurai auquel m'adresser. Annoncez-moi, à tout hasard, à celui chez qui je me trouve.

Dubouleau.

Il y a pour cela un inconvénient.

Alcibiade.

Lequel ?

Dubouleau.

C'est que celui qui demeure ici n'est pas ici.

Alcibiade.

Alors, indiquez-moi son voisin.

Dubouleau.

Quant à celui-là, c'est différent ; il est dehors.

Alcibiade.

Nom d'un pétard à l'ail ! c'est trop fort... Concierge ! je reviendrai.

Dubouleau.

Quand monsieur voudra.

Alcibiade.

Oui, je reviendrai, mais je me paierai de mes deux courses. (*Fausse sortie.*) Ah ! dites-moi donc, voilà que je me rappelle un renseignement de nature à éclairer mes recherches.

Dubouleau.

Jasez, je vous écoute.

Alcibiade.

Le susdit Martin est conjoint à une femme veuve d'un premier mari.

Dubouleau.

L'autre est édentiquement dans une position analogre.

Alcibiade.

Ah ! Nom d'un nom, c'est plus fort que la toupie japonaise. Enfin, puisque vous me forcez à dire ce que je voulais taire, ma foi ! tant pis ! je lâche le morceau.

Dubouleau.

Quel morceau ?

Alcibiade.

Le Martin en question est celui qui est...

Dubouleau.

Qui est... quoi ?

Alcibiade.

Ecoutez, vénérable concierge... (*Il lui parle bas à l'oreille*) Vous voilà fixé, j'espère.

Dubouleau.

Pas plus qu'avant ; ils le sont tous deux.

Alcibiade.

C'est à donner sa langue aux chiens.

Air : *En scène je suis un héros.*

Pour éviter ces quiproquos,
Si j'étais le propriétaire ;
Vous n'auriez bientôt sur le dos
Que l'un ou l'autre locataire.
Votre maison, présentement,
Dans tout Paris est sans seconde,
Et Colomb, malgré son talent,
Chez vous n'eut pu trouver son monde.

Je sors, mais je ne me décourage pas.

SCÈNE XI.

Dubouleau, puis Pauline.

Ah ! ça, qui t-est-ce que ça peut-être, cet olibrius ? Je n'aime pas sa touche. Ça n'est pas celle d'un artisse... Pourquoi qu'i'tenait tant à voir monsieur Martin ?

Pauline, entrant sur ces derniers mots.

Qui ça ?

Dubouleau.

Ma foi ! madame, une espèce de je ne sais qui... qui sort à l'instant même.

Pauline.

En effet, j'ai rencontré quelqu'un dans l'escalier.

Dubouleau.

C'était l'oiseau qui...

Pauline.

Demandait mon mari ?

Dubouleau.

C'est ce que j'ignore. Il désirait voir monsieur Martin, le peintre.

Pauline.

Eh bien ! c'était lui.

Dubouleau.

Et le voisin ?

Pauline.

Vous savez bien qu'il n'est pas peintre.

Dubouleau.

Il a donc changé de métier ?

Pauline.

Non ; mais ça n'a jamais été qu'un malheureux rapin, sans vocation, sans génie, sans ce feu qui...

Dubouleau.

Oh ! pour ce qui est du feu, je crois qu'il n'y en a guère chez lui... Quand j'pense qu'il m'a avantagé, l'hiver dernière, d'une seule et unique bûche ; et quelle bûche !... madame.

Pauline.

Enfin, ce monsieur, où l'avez-vous envoyé ?

Dubouleau.

J'ai eu un moment l'envie de l'envoyer au diable.

Pauline.

Voilà peut-être une commande de manquée, et cela par votre manque d'adresse.

Dubouleau.

C'est-à-dire que c'est lui qui ne m'en a pas donné. D'ailleurs, il a promis de revenir.

Pauline.

C'est bien. Laissez-moi.

Dubouleau.

Air d'ensemble.

Je redescends trouver ma femme,
Mais si, pour quelque commissio
J'puis vous être utile, madame,
J'suis à votr' disposition.

Pauline.

Allez auprès de votre femme,
Et, si quelque commission
Exige que je vous réclame,
J'us'rai d'votr' proposition.

SCÈNE XII.

Pauline, avec empressement.

Voyons, pendant que je suis seule, hâtons-nous de lire cette lettre que vient de me remettre la mère Dubouleau. (*Lisant la suscription*) A monsieur Martin, artisse-paintre.... p, a, i, n. Très-joli ! Qui peut lui écrire avec une pareille orthographe ? On dirait que ces pattes de mouche sont celles d'une femme. Quelle idée ! Mon mari aurait-il ?... Oh ! non, je ne puis le croire, et cependant... Mon Dieu ! mon Dieu ! Dussé-je m'en repentir, je veux... plus d'hésitation... le cachet est rompu.

Air du vaudeville de *Voltaire chez Ninon.*

Je ne sais quel secret émoi
Vient s'emparer de tout mon être ;
Au fond de mon cœur, malgré moi,
Un affreux soupçon vient de naître.
Ah ! c'est trop longtemps supporter
L'incertitude qui m'accable...
Et plutôt qu'ainsi de douter,
J'aime mieux le savoir coupable.

C'en est fait ! lisons : âme de ma vie (*parlant*). Plus de doute. Oh ! mais n'importe, j'aurai du courage jusqu'au bout. (*Lisant*) Vous me négligez, c'est très-malle — avec deux l et un e. (*parlant*) L'infâme ! (*lisant*) Quoi ! vous avez pu panser — avec un a — que votre chaire — c'h'ai — Zéphirine peut rester si longtemps sans vous voire, r, e, re. (*parlant*). Le monstre ! (*Lisant*) Voilà huit mortels jours que vous me délaissez. (*Parlant*). Quel supplice ! (*Lisant*). Oh ! je ne le vois que trop, toutes vos protestations d'amour sont autant de mensonges. Si je me suis trompée, prouvé-le-moi en revenant bien vite. (*Parlant*) Elle ose le tutoyer. (*Lisant*). Car s'il fallait que je renonce à toi, j'aimerais mieux la morre (*parlant*) avec deux r et un e. Signé : Zéfirine. Et voilà les femmes que ces scélérats d'hommes nous préfèrent ! Oh ! j'étouffe ! rentrons. Le perfide ! aimer une cocotte qui écrit mort avec deux r et Zéphirine par f, i, fi ! l'horreur !

SCÈNE XIII.

Félix, avec son portrait sous le bras, d'une voix solennelle.

O rage, ô désespoir ! ô ô ô !.. Je dois avoir l'air d'un don Diègue. Infamie ! refusé, moi, un artiste si haut placé... Il faudra que je déménage. Je crois que ma tête l'est déjà. Essuyer un pareil affront ! Me repousser avec mon Eugénie, ma Fornarina ; moi, Raphaël II ! Croûtons ! ça a des lunettes, et ça ne voit pas les splendeurs de cette toile sur laquelle j'ai étalé tous mes rêves ! Adieu donc toutes mes illusions ! Oh ! je le sens là, je n'y survivrai pas. Mais, que dis-je ? je n'ai pas le droit de disposer de mes jours. Sans moi que deviendraient ma fille, ma femme, une vraie brebis, un agneau... Et moi...

SCÈNE XIV.

Le même, **Pauline,** avec colère,
Un monstre gonflé d'imposture.

Félix, se retournant.
Tiens, c'est toi, chère amie.

Pauline.
Une chère amie devant qui vous devriez rougir.

Félix, jouant au fin.
Rougir ?... Est-ce que je suis pâle ?

Pauline.
Eh ! quoi, sans respect pour les serments les plus sacrés, vous avez pu briser...

Félix.
J'ai brisé quelque chose ?...

Pauline.
C'est atroce, voyez-vous !

Félix.
Qu'est ce qui est atroce ?

Pauline, pleurant.
Laissez-moi tout entière à mon désespoir.

Félix.
Voyons, Pauline, nous ne sommes pas à Versailles ; ne faites pas jouer les grandes eaux.

Pauline.
Cessez ce persifflage, et convenez que vous avez cruellement feint...

Félix.
Eh bien ! oui, je l'avoue, j'ai faim... mais faim à dévorer un taureau...

Pauline.
Vos plaisanteries sont hors de saison, monsieur, et ce n'est point de cela qu'il s'agit.

Félix.
De quoi s'agit-il donc, madame ?

Pauline.
Votre impudence me révolte. Vous osez me demander... quand j'ai là... sous la main...

Félix.
Qu'avez-vous, je vous prie, sous votre petite menotte ?

Pauline.
Vous devez bien vous en douter, fourbe, astucieux, impudique, traître, roué, déloyal et félon !...

Félix, à part.
Allons, bon ! voilà l'averse... (*au public*) Qui veut me prêter un parapluie ?

Pauline.
Et voilà comment vous vous justifiez ?...

Félix, à part.
Tenons bon. (*Haut.*) Pauline, je ne vous le cacherai pas plus longtemps, ce colin-maillard de reproches me fatigue.

Pauline.
Ainsi, jusqu'à l'évidence vous nierez votre crime ?

Félix.
Mon crime ! Ah ! ça, décidément, c'est un drame que nous jouons. Je ne vous mènerai plus à la Gaîté.

Pauline.

C'est-à-dire qu'il vous faut des preuves. Eh bien ! en voici ; lisez.

Félix, recevant un papier plié.

Qu'est-ce que cela ? Une lettre... Tiens, ça sent bon... Elle est au jasmin... Voyons le contenu... On dirait des hiéroglyphes.

Pauline.

Vous me faites mourir !

Félix, lisant à demi-voix.

Eh bien ! vrai, je ne suis pas assez Champolion pour les déchiffrer.

Pauline.

Ainsi, vous persistez à nier l'existence de cette Zéphirine, qui n'est autre que l'une de vos maîtresses ?

Félix, avec explosion.

Ah ! enfin ! l'écheveau de fil se démêle. (à part.) C'est le moment de l'entortiller...

Pauline.

Mais vous ne voyez donc pas que mon indignation est au comble ?...

Félix.

Faites la descendre au rez-de-chaussée.

Pauline, continuant.

Et que si je n'écoutais que mon désespoir...

Félix, à part.

Ça tourne au tragique ; fâchons-nous. (Haut) Savez-vous bien, Pauline, que cette avalanche de suppositions porte atteinte à ma chasteté conjugale...

Pauline.

Votre chasteté !...

Félix, continuant.

Et qu'avant do me noyer dans cet Océan d'invectives, vous auriez dû réfléchir à deux reprises .. Votre guimpe en demande une...

Pauline.

Je n'ai réfléchi qu'à votre trahison.

Félix.

Ma trahison ? Et vous n'avez pas pensé à ce proverbe, qui dit : *Il n'y a pas qu'un âne à la foire qui...*

Pauline.

Qu'est-ce que cela prouve ?

Félix.

Cela prouve que, s'il n'y a pas qu'un Martin à la foire, il n'y en a pas qu'un non plus dans cette maison. (à part.) Tant pis pour l'autre !

Pauline.

Cela est vrai.

Félix.

Eh bien ! alors, cette lettre... Qui vous a dit qu'elle fût pour moi ?

Pauline, à part.

Si je m'étais trompée ! (Haut.) J'ai cru que vous me trahissiez.

Félix.

Moi, te trahir ! Je suis donc à tes yeux un rien qui vaille, un être à claquer ? (au public) Je m'en rapporte à ces messieurs. Si telle est votre opinion, eh ! mon Dieu ! claquez-moi, et je ne m'en plaindrai pas. (à Pauline) Allons, chérie, loin de toi cet affreux soupçon qui m'afflige au point d'attirer mes pleurs. (à part.) Tournons à la cataracte...

Pauline.

Jurez-moi donc que vous m'avez toujours été fidèle.

Félix.

Ma fidélité ne se rencontre que chez le caniche ; aussi, je ne comprends pas...

Air : *N'avez-vous pas partagé mes travaux ?*

Comment, hélas ! vous avez pu penser
De vous tromper que, moi, je suis capable.
Ce n'est pas bien ; car, c'est me supposer
Un monstre indigne, un gueux abominable.
Aucun mari n'est, j'en lève la main,
Plus vertueux que moi qui vous adore ;
Savez-vous pas que, depuis notre hymen,
J'ai toujours vu lever l'aurore ?

(Parlé et à part) Suis-je assez canaille ?...

Pauline.

Je ne sais plus que penser.

Félix.

Pauline, qu'exigez-vous de moi ? Voulez-vous que je me jette par cette fenêtre... dans le four de notre pâtissier... ou dans notre fontaine ? Parlez, je suis prêt à tout; car, sans votre amour, je me fiche de la vie comme de colin tampon.

Pauline, se jetant dans ses bras.

Ah ! Félix, mon Félix !

Félix, la comprimant sur lui.

C'est que, voyez-vous, douce moitié de moi-même, si je ne vous savais pas dans les mêmes sentiments que moi, j'aimerais mieux m'étrangler avec vos jarretières, ou être condamné à revoir... *les voyages de Gulliver.*

Pauline.

Ainsi, mon bien-aimé, cette Zéphirine...

Félix.

M'est aussi étrangère que le Coran. (à part) Je concours au dentiste.

Pauline, l'embrassant.

Il serait vrai, mon bon Félix ?

Félix.

Si je mens, servez-moi demain ma langue aux cornichons.

Pauline.

Ainsi, il faut donc vous croire ?

Félix.

Oui, ma diva, (plus bas) et ne plus me confondre avec mon scélérat de voisin... Mais, assez causé, ne médisons pas du prochain.

Pauline.

Combien ces paroles me font plaisir !

Félix.

C'est comme qui dirait un verre de curaçao.

Pauline.

Je suis heureuse de votre engouement.

Félix.

Comment ne serais-je pas gai ? Tu me r-aimes. Ah ! Pauline, j'en perdrai le manger et le boire... A propos, et notre dîner ?...

Pauline.

Et votre portrait ?...

Félix.

Ah ! oui, mon portrait ; eh bien ! en route, j'ai changé d'idée ; je le garde.

Pauline.

De sorte que vos projets à l'égard d'Eugénie...

Félix.

J'en ai d'autres ; d'ailleurs, il me répugnerait de voir l'image de cette petite chatte suspendue au salon, véritable buffet où l'on ne sert que des croûtes.

Pauline.

Il y en aura toujours assez sans les vôtres.

Félix.

Des croûtes ?...

Pauline.

Non, des portraits.

Félix.

A la bonne heure ! Et je suis aise de te trouver de l'avis de certain critique...

Air du vaudeville de l'Écu de six francs.

> Qui trouvait le jury peu juste
> En acceptant tous ces portraits
> Où le peintre à son goût ajuste
> Un peu plus ou moins bien les traits.
> Si, seuls, ceux des gens de mérite,
> Ajouta-t-il, étaient reçus,
> Ah ! combien de sots parvenus
> Il faudrait décrocher de suite!

Pauline.

Cela est vrai.

Félix.

A ce point que j'en ai fait mon profit, et que, même au prix de cent mille francs, cette image ne quittera plus la chambre de notre Eugénie.

SCÈNE XV.

Les mêmes, Eugénie.

Eugénie, entrant sur ces derniers mots.

Et je vous en rends mille grâces, cher père.

Pauline.

Ah ! ça, est-ce que nous écoutons aux portes ?

Eugénie.

Je vous jure, maman, que c'est sans le vouloir...

Félix.

Comme quand tu regardes Marcel... Oh! je ne t'en fais pas un crime.

Eugénie, regardant sa mère.

Vous êtes si bons pour moi.

Pauline.

Eh bien ! quoi de neuf, mon enfant ?

Eugénie.

J'ai une bonne nouvelle à vous apprendre. La baronne a été enchantée, et j'en ai reçu de nouveaux travaux.

Félix.

C'est très-bien, ma fille, mais le plus pressé en ce moment, c'est notre dîner.

Pauline.

Soyez tranquille, j'ai passé chez le traiteur.

Félix.

Bravo !

Pauline.

Et maintenant, il ne nous reste plus qu'à aller dresser le couvert.

Air d'ensemble

> Allons, allons
> Allez, allez } à l'office
>
> Disposer notre }
>   votre } repas,
>
> Et régler notre }
>   votre } service.
> Pour qu'on ne s'en plaigne pas.

SCÈNE XVI.

Félix, seul.

Ouf! j'ai là trois mille kilogrammes de moins. Parbleu! il faut avouer qu'il n'y a guère de pédicures capables de me damer le pion à l'endroit de la duplicité. Après tout, ce mensonge était nécessaire à mon bonheur domestique... qui est bien le plus serein des vingt arrondissements. Voilà donc la première fois que mon homonyme me sert à quelque chose. Sapristi ! Il n'était pas trop tôt que je lui jettasse Zéphirine sur le dos... A-t-on vu cette petite grue oser m'écrire, à moi, pauvre ilote garotté par les liens conjugaux ! Je lui ai dit, il est vrai, que j'étais garçon. (*Se frappant le front*) Ah ! mon Dieu! qu'est-ce qui me traverse donc le cerveau ?... (*Regardant la lettre*) Quel éclair ! cette lettre est datée d'avant-hier... Si elle allait venir !... Je nage dans du vitriol... Faute de réponse, elle en est bien capable. Oh ! les femmes ! les femmes !... J'ai toujours dit qu'elles me perdraient. J'ai du plomb fondu dans les veines... Je marche sur des clous à crochet. Que faire ? mon Dieu! que faire ? Je paierais un bock à qui me prêterait une idée... Ne vous dérangez pas... Je la tiens ! Oui, c'est cela, courons chez elle, et, par un nouveau mensonge... (*Prosper Martin paraît.*) Allons, bon! voilà mon voisin. Que peut-il me vouloir ?

SCÈNE XVII.

Félix, Prosper.

Prosper.

Où courez-vous donc ainsi ?

Félix, troublé.

Bonjour, collègue, ça va bien, vous êtes très-bon, je me sens mieux, et...

Prosper.

Mon Dieu! quel homme! écoutez donc , j'ai deux mots à vous glisser.

Félix.

Pardon, voisin, mais une affaire...

Prosper.

Eh! parbleu ! c'est aussi ce qui m'amène.

Félix.

La vôtre n'est sans doute pas aussi pressante... Remettons-la à demain...

Prosper, le retenant par le bras.

A demain ! dites-vous ; demain, il serait trop tard !

Félix, inquiet.

Vous me faites frémir.

Prosper, plus bas.

Voisin, sommes-nous seuls, bien seuls?

Félix, après s'en être assuré.

Oui, seuls, bien seuls.

Prosper, de même.

Ces murs n'ont point d'oreilles?

Félix.

Pas plus que ceux de la vieille tour de Nesle.

Prosper.

Alors, je m'explique... (*Très-haut*) Voisin!

Félix.

Plus bas, donc.

Prosper, changeant de ton.

C'est juste. Voisin, je n'ai ni le droit ni l'habitude d'exercer le moindre contrôle sur votre conduite...

Félix.

Où voulez-vous en venir?

Prosper.

Chacun est maître d'agir comme bon lui semble.

Félix.

Cette maxime n'est pas neuve.

Prosper.

Je ne m'oppose point à ce que vous ayez des affections étrangères...; que vous alimentiez des caprices au dehors...

Félix.

Que signifie?..

Prosper.

Entretenez, si bon vous semble, autant de femmes que le shah de Perse...

Félix.

Chuuut!

Prosper, continuant.

Et, s'il vous convient de les recevoir...

Félix.

Vous voulez donc me perdre?..

Prosper, de même.

Je n'ai pas un mot à dire...

Félix.

Au nom du ciel! silence.

Prosper.

Mais, du moins, indiquez-leur mieux votre demeure...

Félix, à part.

Il ne se taira pas.

Prosper.

De façon à ce qu'elles ne se trompent pas de porte.

Félix.

Vous dites?...

Prosper.

Parbleu! je dis que, tout-à-l'heure, une jeune personne, fort avenante, du reste...

Félix, à part.

Zéphirine, sans doute.

Prosper, achevant.

Croyant venir chez vous, s'est adressée à moi.

Félix.

Il se pourrait?

Prosper.

Et que si ma femme s'y fût trouvée...

Félix, à part.

L'inconséquente!

Prosper.

Je ne sais trop ce qui serait advenu.

Félix, à part.

Quelle leçon!

Prosper.

Vous devez comprendre que chacun a assez de ses propres fautes, sans...

Félix, rassuré.

Nous sommes deux scélérats.

Prosper.

Deux gaillards.

Félix.

Bien faits pour nous soutenir réciproquement. Ah! ça, et la petite?

Prosper.

La petite! Excusez, une femme de cinq pieds et le pouce.

Félix.

Dites, dites-moi; qu'en avez-vous fait?

Prosper.

Ma foi! j'ai suivi les conseils de la prudence.

Félix.

Et elle vous a conseillé...

Prosper.

De la mettre à la porte.

Félix.

Ça n'est pas des plus chevaleresque, mais c'est sage.

Prosper.

D'autant plus que je lui ai fait croire qu'elle était dupe d'une mystification.

Félix, lui serrant les mains.

Ah! cher confrère, vous étiez né pour la diplomatie.

Prosper.

Le grand art est de savoir dissimuler.

Air des *Deux Edmond.*

Les femmes trompent leurs maris,
Ceux-ci trompent leurs ménagères;
Le public, par de faux avis,
Est trompé de toutes manières.
Le marchand trompe le chaland,
Tout en faisant le bon apôtre.

(*Parlé.*) Enfin, mon cher voisin, on dirait que (*chantant*)

La moitié du monde, à présent,
N'est faite que pour tromper l'autre.

Félix.

Diable! Mais à ce compte-là, nous serions tous les deux...

Une voix de femme, du dehors.

Monsieur Martin!

Prosper.

Ah! ah! voilà mon épouse qui revient du marché.

Félix.

Et elle vous appelle pour...

La Voix.

Venez donc éplucher la salade.

Prosper.

Pardon, quelques amis à dîner, vous comprenez...

Pauline, du dehors.

Félix, les radis vous réclament.

Prosper.

Allez, allez, et ne péchez plus, si ce n'est à la ligne.

SCÈNE XVIII.

Prosper, Alcibiade.

Alcibiade, sur le seuil.

Monsieur Martin ?

Prosper, avec amabilité.

C'est moi, monsieur.

Alcibiade, agitant sa canne.

Ah ! enfin, ça n'est pas dommage... Il paraît qu'on ne vous trouve pas toujours quand on veut.

Prosper.

Monsieur est déjà venu ?

Alcibiade.

J'en ai peur.

Prosper.

Je ne suis pourtant pas sorti aujourd'hui.

Alcibiade.

Ce n'est pas le dire de votre portier.

Prosper.

C'est un sot. Asseyez-vous donc.

Alcibiade.

Je ne suis point ici pour ça, mais bien pour vous dire que vous êtes un drôle.

Prosper, stupéfait.

Plaît-il ?

Alcibiade.

Un polisson...

Prosper.

J'avais bien entendu.

Alcibiade.

Et j'ajouterai que vous êtes bien heureux d'être chez vous...

Prosper.

Parce que ?..

Alcibiade.

Parce que je vous casserais ma canne sur le dos, si...

Prosper.

Votre canne ? Rien que ça de badine !

Alcibiade.

Comme vous dites, et si vous voulez sortir...

Prosper.

Je vous remercie, on m'attend.

Alcibiade.

C'est dommage, je vous aurais démontré comme je corrige les olibrius de votre espèce.

Prosper.

Cette manière de causer me paraît peu convenable.

Alcibiade.

Elle est donc alors comme votre conduite.

Prosper.

Ma conduite ?.. Ah! ça, permettez, permettez ; je crois qu'il y a un malentendu.

Alcibiade.

Les couleurs sont ici inutiles... Et je ne sortirai d'ici qu'après vous avoir brisé un abattis.

Prosper, à part.

Me prend-il pour une oie ?

(*Haut*) A quoi bon cette violence ?

Alcibiade.

Pour me venger de l'outrage que vous m'avez fait dans la personne de Zéphirine.

Prosper.

Qu'est-ce que c'est que ça ?

Alcibiade.

Zéphirine, c'est une femme que j'honore de ma protection... et à propos de laquelle je vous demande une satisfaction.

SCÈNE XIX.

Les mêmes, Marcel.

Alors, c'est de moi, que vous la recevrez.

Alcibiade.

Ah bah! Oh! Je n'ai pas plus peur de vous que de l'autre.

(Voix de madame Prosper, au dehors.)

Allons donc, allons donc, monsieur Martin.

Prosper, à Marcel.

Pardon, cher monsieur, je vous laisse... mon épouse...

Marcel.

Faites, je vous en prie.

Prosper, à part.

Ça me va joliment. (à Alcibiade) Ah! vous ne me faites pas peur, allez ; on en a vu de plus crânes. (*Il se retire.*)

SCÈNE XX.

Marcel, Alcibiade.

Marcel.

A nous deux, maintenant, le monsieur à la trique.

Alcibiade.

Volontiers, car voilà assez de temps que je suis là.

Marcel.

Désolé de vous avoir fait attendre.

Alcibiade, à part.

J'imagine qu'il me gouaille.

Marcel.

Depuis quand, monsieur le tapageur, est-il permis aux gens comme vous de venir insulter le monde chez soi ?

Alcibiade.

Depuis qu'il y a des pékins qui se permettent de m'enlever ma Zéphirine...

Félix, dont on ne voit que la tête .

à part) Encore le nom de cette drôlesse.

Alcibiade.

Oui, monsieur, la maîtresse d'Alcibiade ici présent.

Félix, de même.

Et voilà mon rival... Quel genre!

Marcel.

Vous êtes fou.

Alcibiade.

L'excuse est plaisante!

Marcel.

Je vous en dois peut-être.

Félix.

Il va bien, le petit.

Alcibiade.

Ah! vous le prenez sur cette gamme.

Marcel.

C'est le ton de mon galoubet.

Alcibiade.

Et vous pensez qu'impunément je me serai laissé ravir..

Félix.

Ça se gâte!

Marcel, avec pitié.

Des menaces... sans effet.

Alcibiade.

J'ai fait mes preuves, jeune homme.

Marcel.

Et moi, je vous attendais pour cela.

Alcibiade, s'alignant.

Enfin, je trouve donc un homme...

Marcel.

Tout prêt à vous loger une balle dans la tête...

Alcibiade.

Vous dites?

Marcel.

Ou à vous crever d'un coup d'épée la basane.

Alcibiade.

Je ne joue pas à ces jeux-là. Mes armes sont celles de la nature.

Félix, toujours à demi caché.

Paltoquet!

Marcel, lui montrant la porte.

Je vous avais bien jugé. Sortez, sortez vite et ne revenez ici que quand vous vous battrez en homme de cœur.

Félix, de même.

Bien dit. Rejoignons Pauline. (*Il disparaît*).

Alcibiade, à part.

Je suis fumé! (*Haut en gagnant l'issue.*) Nous nous reverrons ailleurs, l'homme à la ferraille!

Marcel.

Le jour et l'heure qui vous conviendront.

SCÈNE XXI.

Marcel, Eugénie.

Eugénie, sans apercevoir Marcel.

Eh bien! Qu'y a-t-il donc?

Marcel.

Ce n'est rien, ma toute belle.

Eugénie.

Vous ici, monsieur Marcel, je ne m'attendais pas...

Marcel.

A m'y rencontrer... Est-ce que cela vous fait de la peine?

Eugénie.

Je ne l'ai pas dit.

Marcel.

Vous êtes un ange.

Eugénie.

Mais taisez-vous donc, monsieur.

Marcel.

Pourquoi cela?

Eugénie.

Ces choses-là ne se disent pas.

Marcel.

Eh! quoi! vous me défendez...

Eugénie, l'interrompant.

Oui, monsieur.

Marcel.

Et je ne pourrai plus...

Eugénie.

Non, monsieur.

Marcel.

Tant de rigueur!

Eugénie

Écoutez-moi, (*timidement*) Marcel.

Marcel, avec ivresse.

Elle a dit Marcel.

Eugénie.

Air du départ du petit Savoyard.

Non, jamais n'ajoute foi,
M'a dit bien souvent ma mère,
Aux propos dits pour te plaire.

Marcel.

Non, lorsqu'ils viennent de moi.

Eugénie.

J'ai promis obéissance
Je ne dois pas plus longtemps
Ouïr votre confidence
Loin des yeux de mes parents

Marcel.

Oh! pour moi qui vous adore,
Tout espoir n'est pas perdu,
Daignez m'écouter encore...

Eugénie.

Maman me l'a défendu.

Marcel.

Oh! mais vous n'aurez pas la cruauté de suivre un pareil ordre. Autant vaudrait m'arracher la vie.

Eugénie.

Que dites-vous?..

Marcel.

Je dis que je n'aurais plus qu'à mourir...

Eugénie.

Grands dieux!

Marcel.

Oh! mais vous m'aimez...

Eugénie.

Monsieur!

Marcel.

J'en suis sûr, maintenant... Votre exclamation vous a trahie.

Eugénie, troublée.

Par pitié!

Marcel.

Et je veux vivre... vivre longtemps, pour assurer votre bonheur. Car mon amour, Eugénie, est pur comme celui des anges; comme le vôtre, ma charmante... Et, c'est à vos pieds...

SCÈNE XXII.

Félix, entrant, laisse à cette vue échapper une assiette qu'il essuyait.

Les mêmes, Félix.

Eh bien! à la bonne heure! ne vous gênez pas, faites comme chez vous. (*à part*) J'arrive à propos. (*à sa fille, sévèrement*). Eugénie, allez trouver votre mère. (*elle sort*). Quant à vous, Marcel, tâchez à l'avenir de m'épargner des surprises de cette nature. Vous m'avez fait dépareiller ma vaisselle.

Marcel, s'approchant de lui.

Ce qui vaut mieux que de se faire casser les reins... à propos d'une certaine Zéph...

Félix, lui prenant la main.

Tais-toi... J'ai tout entendu... Tu es un brave garçon... Ta généreuse conduite a préservé ma maison d'un scandale dont je te récompenserai.

Marcel.

En me donnant la main de votre adorable fille?

Félix, après une pause.

Dam! si ma femme y consent.

Marcel, ivre de joie.

Oh! patron! J'embrasse vos genoux.

Félix.

Motus! Voici Pauline.

SCÈNE XXIII.

Les mêmes, Pauline.

Pauline.

Eh bien! mon ami, que faites-vous ici?

Félix.

Je causais d'affaires avec Marcel.

Pauline.

Ah! Et y aurait-il quelque indiscrétion à vous en demander la nature?

Marcel.

Du tout, madame.

Félix.

Nous parlions de mariage.

Marcel.

Mon Dieu! oui, madame.

Pauline.

Est-ce que monsieur Marcel y songerait déjà?

Marcel.

Ah! madame, le mariage! le mariage! mais c'est le rêve de tous mes instants, l'idéal de mon existence tout entière, depuis qu'une créature céleste m'a fasciné par ses regards magnétiques, par ses...

Pauline.

A la chaleur de ce langage, je crois deviner...

Marcel.

Oui, madame, votre incomparable Eugénie est pour jamais l'idole de mon âme, la seule femme à qui je veuille enchaîner ma destinée.

Félix.

Tu l'entends, femme?

Pauline à Félix.

Vos visées sont devenues plus modestes.

Félix à Pauline.

La richesse n'est pas toujours le bonheur.

Marcel.

Vous le voyez, madame, un seul mot de votre bouche, et mon avenir est assuré.

Félix.

Voyons, Pauline, faisons-nous décidément notre gendre de ce garçon-là?

Pauline, après un silence.

Ne satisfais-je pas toujours vos désirs?

Marcel, la couvrant de baisers.

Comment jamais reconnaître.. Ah! madame, pardonnez au trouble que j'éprouve... et recevez mille fois plus que mes remerciements... J'ai trouvé une seconde mère.

Félix, à part.

C'est stupéfiant!

Pauline.

Nous reprendrons cette causerie à table, en présence d'Eugénie...

Félix.

Oui, c'est cela; entre la poire et le fromage.

Marcel, prenant le bras de Pauline.

C'est de la félicité pour toute ma vie.

(*Ils quittent la scène.*)

SCÈNE XXIV.

Briochet, sur le palier.

Il tient un plateau caché par un couvercle. Après plusieurs allées et venues dans le corridor, il se décide à entrer.

Monsieur Martin... au cintième, la porte en face, que m'a dit le Pipelet. Le nom est dessus... C'est très-joli, cela; il n'y a qu'un inconvénient... J'sais pas lire. Faudra finalement que j'aille à la mutuelle... Et pas un chat pour me renseigner... Ma foi! au petit bonheur! en attendant le bourgeois de la case, j'vas m'assire et, en guise de rafraîchissement, me payer un peu de ces pommes de terre frites... qui vous ont un fumet et une mine autour de ces biftecks... huum!

Air du vaudeville de la cheminée.

Quelques morceaux de plus ou d'moins,
A coup sûr, ça n'peut pas paraître,
Et ça répare les besoins
Que me laisse éprouver mon maître.

Si je suis des plus mal nourris ;
Par toutes sortes de rubriques,
Il est bien juste, à mon avis,
Que j'vive aux dépens d'ses pratiques.

(*Il en dévore plusieurs corps.*)

Ah! Dieu de Dieu! la bonne légume! Faut avouer que le patron a un fier talent sur la chose. (*Il en mange de nouveau.*) Ah! saprelotte! Que c'est donc délicat au palais! C'que c'est pourtant, si on était comme tant de mes confrères, (*même jeu*) on aurait belle de s'en étouffer, mais on a de la retenue. D'ailleurs, (*examinant le plat*) l'ingrédient est assez en baisse, et puis, dans notre partie, (*en mangeant toujours*) il ne faut pas t'être sur sa bouche. (*Il remet le couvercle*). Après tout, je ne connais qu'une chose ; c'est le respect dû à la propriété! Comment! pas même un chat! (*appelant*) Holà! quelqu'un... Personne ne vient, personne ne répond, j'vas porter ça à côté. Cet imbécile de portier m'aura fichu dedans. (*Il disparaît*).

SCÈNE XXV.

Félix, une serviette sous le bras, à la cantonnade.

Je suis à vous, ne vous impatientez pas ; mangez toujours le potage. (*en scène*) Je suis dans de l'huile bouillante! Conçoit-on cela? Avoir là tous ses convives, et des ogres encore... Et attendre après ce maudit patissier... pour qui nous pâtissons. En vérité, je n'y conçois rien, ou plutôt si... Il doit y avoir là-dessous quelque quiproquo, (*Briochet sort de chez le voisin*), et je vais de ce pas chez mon numéro deux. Parbleu! en voilà un qui, à part l'affaire de tantôt, peut se flatter de me tablaturer. C'est une inquisition! Un client me demande-t-il? Il se l'accapare et, qui plus est, il le dévisage; une lettre m'est-elle adressée, il la lit d'abord; enfin, ma femme commande-t-elle un plat en ville, c'est lui presque toujours qui en a les primeurs (*se dirigeant vers l'issue*). Décidément, il faut que ceci ait un terme.

SCÈNE XXVI.

Félix, Prosper.

Prosper, entrant avec un plat.

Ah! à la fin, c'est insupportable. Quand serai-je délivré d'un pareil voisin? (*Ils se jettent l'un sur l'autre*).

Félix.

Aaïe! maudit homme! En plein sur mes cors !

Prosper.

Le diable vous embroche ! Me voici en pleine graisse.

Félix.

Vous parlez de graisse?

Prosper, *portant un plateau.*

Sans doute, regardez mes parements.

Félix.

Alors, que tenez-vous donc ?

Prosper.

Comment! vous ne sentez pas?..

Félix, humant.

Je parierais que ce sont mes biftecks...

Prosper, lui remettant le plat.

Qu'un animal de patronnet vient, à notre insu, de déposer chez moi, en place de meringues.

Félix.

Des meringues? C'est cela, j'en ai sur le buffet entrevu une douzaine.

Prosper.

Eh! parbleu! ce sont les miennes.

SCÈNE XXVII et dernière.

Les mêmes, **Eugénie**, puis **Pauline** et **Marcel?**

Eugénie, accourant.

Eh bien! papa, les biftecks ,le pâtissier?

Félix.

Je les tiens, je les tiens.

Eugénie.

Nous sommes sauvés.

Félix, levant le couvercle.

Et nos pommes aussi. (*regardant Prosper d'un air narquois*) Monsieur Martin second aurait-il un faible pour ce tubercule ?

Prosper.

Nenni point, je préfère les meringues.

Pauline, entrant en toute hâte.

Mais arrivez donc, mon ami, arrivez donc.

Marcel.

Tous nos convives vous réclament.

Eugénie.

Et vous attendent avec une faim...

Félix, tenant toujours le plat.

A laquelle je cours en mettre une... de fin.

Prosper, le retenant.

Dites donc, dites donc ; et mes meringues

Félix, faisant mine de se retirer.

Bah! entre voisins, pour des dames...

Marcel,

Mademoiselle veut-elle accepter mon bras... (*plus bas*) En attendant ma main?

Eugénie.

Volontiers, si c'est pour me conduire à table.

Marcel.

Et bientôt à l'autel. Dieu! quel beau jour!

Pauline.

Qui m'aime me suit.

Félix, lui passant le plat.

Je suis à tes ordres; mais, avant, il me reste quelque chose à tenter.

Eugénie.

Une nouvelle surprise, sans doute.

Pauline.

Comme vos meringues, par exemple.

Prosper, à part.

Je n'en aurai pas même l'honneur.

Félix, d'un air embarrassé.

Oh! non, c'est autre chose.

Pauline,

Vous paraissez inquiet, mécontent.

Prosper à Félix.

Alors, c'est donc comme moi.

Félix.

Et comme beaucoup d'autres, peut-être... Je tiens à le savoir.

(Au public) *Air : Excusez si je vous dérange.*

L'auteur, je dois vous l'avouer,
Sur le destin de la bluette
Que nous venons de vous jouer
Eprouve une crainte secrète.

Prosper.

Chacun de nous a peur aussi.

Marcel.

Mais, pour nous rendre le courage,

Pauline.

Il est un moyen, Dieu merci !

Eugénie,

Qui nous a toujours réussi.

Tous, frappant légèrement dans leurs mains.

Daignez, messieurs, en faire usage.

FIN.

Amiens, Typographie LAMBERT-CARON, Place du Grand-Marché, 1.

OUVRAGES DU MÊME AUTEUR.

Le Coupon de loge, Drame en deux actes.

Les Faussaires, Drame en trois actes.

L'Oncle d'Auxerre, Comédie en deux actes.

Une Faute, Drame en un acte.

Les Amours de la rue aux Ours, Folie en un acte et en vers.

Un Mariage à la Six-quatre-deux, Parodie en vers burlesques.

Les Gauloises, Un volume de chansons et poésies diverses.

L'Almanach drôlatique, (8 années).

Le Divan industriel, dramatique et littéraire, (15me année).

Quel drôle de Monsieur! Comédie-Vaudeville en un acte.

Le Diable à Loger, Pochade en un acte et en vers.